Caderno de Música

LUXO

Nº Cat.: 2-CM

Irmãos Vitale Editores Ltda.
vitale.com.br

Rua Raposo Tavares, 85 São Paulo SP
CEP: 04704-110   editora@vitale.com.br   Tel.: 11 5081-9499

© Copyright by Irmãos Vitale Editores Ltda. - São Paulo - Rio de Janeiro - Brasil.
Todos os direitos autorais reservados para todos os países. *All rights reserved.*

Dados Internacionais de Catalogação na Publicação (CIP)
(Câmara Brasileira de Livro, SP, Brasil)

Caderno de música: Noções de escrituração e teoria

1. Música - Teoria

ISBN 85-85188-34-0
ISBN 978-85-85188-34-4

96-5267   CDD-781

ÍNDICES PARA CATÁLOGO SISTEMÁTICO
1. Música: Teoria 781

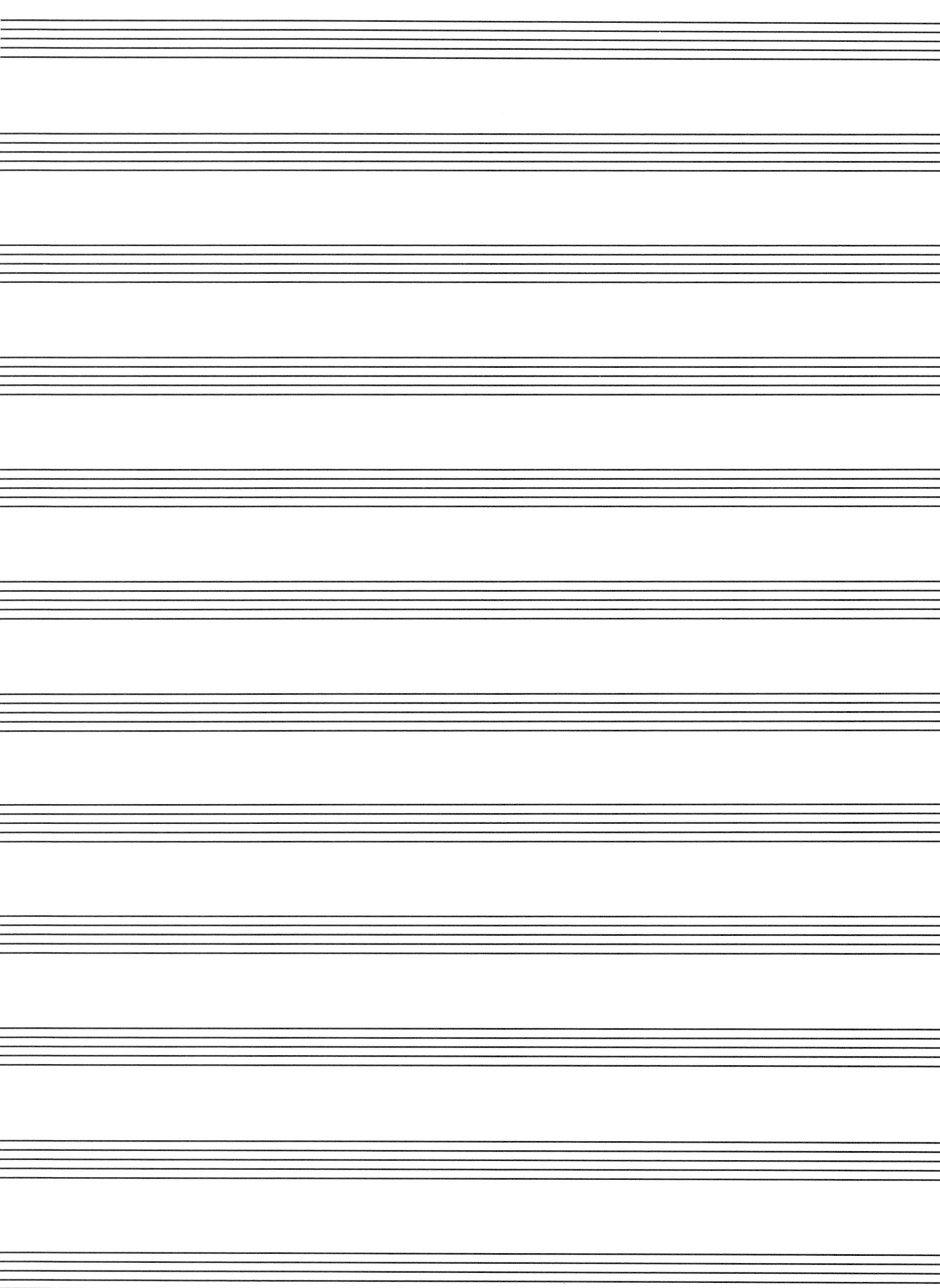

ELEMENTOS DE ESCRITURAÇÃO MUSICAL

A MÚSICA é a arte de manifestar os diversos afetos da nossa alma mediante o som.

Divide-se em três partes: MELODIA, HARMONIA e RITMO.

MELODIA é a combinação de sons sucessivos (dados uns após outros).

HARMONIA, a combinação de sons simultâneos (dados de uma só vez: um acorde).

RITMO, a combinação dos valores.

Representa-se a música sobre uma pauta composta de cinco Linhas e quatro Espaços: estas Linhas e Espaços da pauta chamam-se Naturais e contam-se da parte inferior para a parte superior.

Linhas e Espaços Naturais

```
5ª ........ ─────────────────────────────── 4º ........
4ª ........ ─────────────────────────────── 3º ........
3ª ........ ─────────────────────────────── 2º ........
2ª ........ ─────────────────────────────── 1º Espaço
1ª Linha  ───────────────────────────────
```

Sobre estas linhas e espaços se assentam as Notas.

Linhas e Espaços Suplementares Superiores

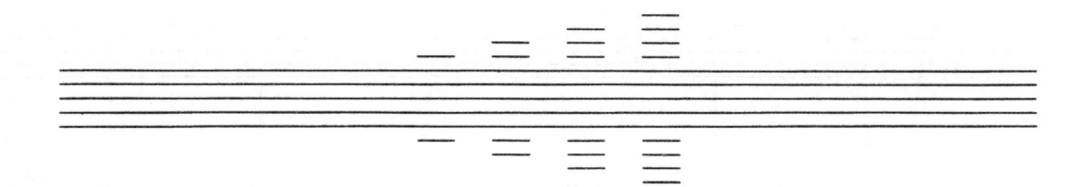

Linhas e Espaços Suplementares Inferiores

Adicionam-se acidentalmente a esta pauta pequenas linhas e espaços, superior e inferior, e que se contam partindo da pauta.

As claves são sete, representadas por três figuras: de DÓ 𝄡 de Sol 𝄞 e de FÁ 𝄢 as mais usadas, porém, são as duas últimas.

Cada clave dá o seu nome à nota que se assina sobre a mesma linha, e conseqüentemente, determina os nomes de todas as notas que se assentam sobre as outras Linhas e espaços.

ESCALAS E INTERVALOS

Dos tons mais usados

TONS MAIORES

ESCALAS E INTERVALOS

Dos tons mais usados

TONS MENORES
relativos

CIFRADO

O cifrado é universal

TONALIDADES

As tonalidades são indicadas por letras

Tons maiores

Letras maiúculas

A	B	C	D	E	F	G
Lá	Si	Dó	Ré	Mi	Fá	Sol

Tons menores

Letras maiúsculas, seguidas de um (m) minúsculo

Am	Bm	Cm	Dm	Em	Fm	Gm
Lá	Si	Dó	Ré	Mi	Fá	Sol

SINAIS USADOS NO CIFRADO

- sustenido

b – bemol

6 (sexta) – 7 (sétima) – etc.

9M (nona maior) - 7M (sétima maior)

5+ (quinta aumentada)

9- (nona menor)

dim (acorde diminuto)